Forståelse og samarbejde mellem religionerne

Tale holdt Sri Mata Amritanandamayi
i anledning af overrækkelsen af den
fjerde årlige James Parks Morton
Pris for tværreligiøst samarbejde

Mata Amritanandamayi Center, San Ramon
Californien, Forenede Stater

Forståelse og samarbejde mellem religionerne
Sri Mata Amritanandamayi
Oversat fra Malayalam til engelsk af
Swami Amritaswarupananda Puri

Udgivet af:
  Mata Amritanandamayi Center
  P.O. Box 613
  San Ramon, CA 94583
  Forenede Stater

———— *Understanding and Collaboration
between Religions (Danish)* ————

Copyright © 2007. Mata Amritanandamayi Mission Trust, Amritapuri, Kerala 690546, India
Alle rettigheder forbeholdes. Ingen del af denne udgivelse må opbevares i nogen form for databasesystem. Der må heller ikke transmitteres, kopieres, gengives, afskrives eller oversættes til noget sprog, i nogen form, med noget middel, uden forudgående skriftlig tilladelse fra udgiveren.

Første udgave af Mata Amritanandamayi Center: april 2016

Danmark
  www. amma-danmark.dk
  ammainfo@amma-danmark.dk

India:
  inform@amritapuri.org
  www.amritapuri.org

Sri Mata Amritanandamayi

Forord

Den 2. maj holdt Amma talen: "Forståelse og samarbejde mellem religionerne" på Rubins Museum for Kunst i Chelsea distriktet på Manhattan, som led i festligholdelsen af 4-års jubilæet for overrækkelsen af James Parks Mortons pris på the Interfaith Center i New York.

Det Tværreligiøse Center i New York (ICNY) tildelte Amma prisen for 2006 for hendes enestående arbejde for at fremme "tværreligiøs forståelse og respekt" ICNY – centerets hovedformål. "Ammas liv er viet til accept" sagde grundlæggeren af Rubin Museet, Donald Rubin, da han præsenterede Amma inden overrækkelsen af prisen. "Ved at række ud og acceptere alle mennesker i den fysiske omfavnelse, overskrider hun alle religioner og politiske opdelinger. Den accept og kærlighed, som den fysiske omfavnelse skaber, er den heling vi alle har brug for. Det er den heling som vor mor gav os, da vi var børn. Det er den heling som Amma har givet verden."

ICNY var særlig imponeret af det massive hjælpearbejde som Amma's ashram påtog sig efter den asiatiske tsunami i 2004, og centeret var berørt af at høre Ammas tanker om forståelsen og samarbejdet mellem religionerne, som fulgte efter den oplevelse.

"Når naturkatastrofer forekommer, åbner menneskets hjerte sig og sætter sig ud over forestillinger om kaste, religion og politik," sagde Amma i sin tale. "Men den fordomsløse holdning og medfølelse, som mennesker giver udtryk for i sådanne situationer, kommer og går som vinden blæser. Hvis vi derimod kan lære at holde medfølelsens flamme i live i vort hjerte, så kan den forjage det mørke vi er omgivet af."

Amma holdt sin tale på sit eget sprog Malayalam, men enhver, der deltog i højtideligheden, kunne lytte til den i engelsk oversættelse på grund af simultantranslation. Ammas ord kan ikke sammenlignes med en videnskabsmands teorier. De afspejlede hendes høje oplyste stade og hendes personlige oplevelse, og netop derfor fik de sand vægt. Og det indtryk det gjorde på alle tilstedeværende var synligt.

Amma anerkender fuldt ud nødvendigheden af religioner, men hun betonede uophørligt, hvor vigtigt det er for religionstilhængere at nå ind til kernen af alle trosretninger. "Lige som man suger saften ud af sukkerrøret og spytter stilken ud, således bør også de religiøse ledere opfordre deres tilhængere til at åbne sig for religionens essens – spiritualitet – og ikke hæfte sig for meget ved de ydre ting. Desværre sker der det i dag, at mange spiser stilken og spytter essensen ud, " sagde Amma.

Og Amma beklagede også meget det forhold, at mens hellige mænd og kvinder ("saints and sages" overs.) betoner vigtigheden af spirituelle værdier, så sidder deres tilhængere fast i deres organisationers strukturers (*eller organisationelle strukturers*) hængedynd. Amma sagde: "Med det resultat, at de religioner, hvis formål det var at sprede fred og ro ved at forbinde mennesker i en krans af kærlighed, nu er blevet årsagen til krig og konflikt. På grund af vores uvidenhed og snævre horisont spærrer vi de store sjæle inde i religionernes små bure. I deres navn har vi spærret os inde i egoets fængsel, og fortsætter med oppuste vores ego og slås med hinanden. Hvis det fortsætter, så vil forståelse og samarbejde forblive en saga blot."

Afsluttende sagde Amma, at der var ét ord: "Medfølelse", som var løsningen på næsten alle de problemer, som verden står overfor i dag. Og hun betonede vigtigheden af at alle medlemmer af alle trosretninger tjener de fattige og nødlidende. "At hjælpe de fattige og trængende er sand bøn," sagde Amma. "Uden medfølelse vil alle vore anstrengelser være forgæves."

Da Amma endte sin tale, rungede Rubin Museets sal af klapsalver, og snart kom de deltagende i ceremonien frem for at modtage Ammas darshan, hendes kærlige omfavnelse individuelt. Blandt dem var mange af Ammas med-pristagere.

> Swami Amritaswarupananda Puri
> Næstformand
> Mata Amritanandamayi Math

Yderligere fem blev hædret foruden Amma:
Vinderen af Nobels Fredspris for 2005 Dr. Mohammed
Elbaradei, Generaldirektør for det Internationale
Atomenergi Agentur;
U.S. Højesteretsdommer Stephen G. Breyer:
den berømte amerikanske skuespiller Richard Gere for sit
arbejde som leder af Healing the Divide og som formand
for bestyrelsen for The International Campaign for Tibet;
Imam Feisal Abdul Rauf, the Imam of Masjid Al-Farah;
Daisy Khan, Direktør for American Society for Muslim
Advancement.
Tidligere modtagere af ICNYs Interfaith Award omfatter
tre Nobels Fredspris -vindere: Hans Hellighed the Dalai
Lama, Ærkebiskop Desmond Tutu, Shirin Ebadi –
foruden forhenværende U.S. Præsident Bill Clinton.

Forståelse og samarbejde mellem religionerne

Takke tale af
Sri Mata Amritanandamayi
ved Interfaith Center i New Yorks
Rubin Museum of Art
Den 2 May 2006, New York City

Forståelse og samarbejde mellem religionerne

Jeg bøjer mig for alle her, som er legemliggørelsen af den Rene Kærlighed og den Højeste Bevidsthed.

Til at begynde med vil jeg gerne sende mine bedste ønsker til det Tværreligiøse Center i New York. Måtte denne organisation være i stand til at tænde kærlighedens og fredens lys i tusindvis af hjerter under den højtærede præst James Parks Mortons dygtige lederskab. Det Tværreligiøse Center fortjener stor ros for dets kærlige indsats efter 9/11 tragedien, som kostede tusindvis af mennesker livet, herunder uskyldige børn. Lad mig også benytte lejligheden til at udtrykke min dybtfølte lykke over, at denne konference kunne holdes, og for den tillid, som I viser mig.

Men faktisk er det kun på grund af selvopofrelsen og uselviskheden hos millioner af hengivne over hele verden, at jeg har kunnet tjene samfundet. Denne pris og anerkendelse skal gå til dem. Amma er blot et redskab.

Forståelse og samarbejde mellem religionerne

Emnet for dagens tale: "Forståelse og samarbejde mellem religionerne" har været diskuteret ved tusinder af forskellige konferencer verden over. Og mens sådanne diskussioner – og arbejdet i organisationer som dette center – har bragt religioner sammen til en vis grad, så hviler frygt og angst omkring verdens tilstand og dens fremtid fremdeles tungt på vores sind.

For at denne situation kan ændres, har vi brug for bedre forståelse og samarbejde mellem religionerne. Både religiøse ledere og statsledere påpeger stærkt dette punkt ved møder som dette. Men vi er ofte ude af stand til at vise den samme fasthed i handling som i ord. Vi udveksler mange ideer under disse møder - og dog, når vi prøver at omsætte dem til handling, så er vi ude af stand til at gøre det på grund af indflydelse fra forskellige pressionsgrupper. Et møde uden åbne hjerter er som en faldskærm, der ikke åbner sig.

Hver religion har to sider: den ene er dens tankemæssige lære, som den står forklaret i skrifterne, den anden er den spirituelle. Den første er religionens ydre skal, men dens indre essens er spiritualitet. Spiritualitet handler om at vågne op til sin egen sande natur. De, der gør sig anstrengelser for at kende deres sande Selv, er de virkeligt trofaste. Hvilken religion jeg end tilhører, hvis jeg forstår de spirituelle principper bagved, så kan jeg nå det højeste mål: realiseringen af min sande natur. Hvis en flaske indeholder honning, så er flaskens farve uvæsentlig. Hvis vi derimod går fejl af de spirituelle principper, er religion ikke andet end blind tro, et fængsel.

Religionens opgave er at transformere vores sind. For at det kan ske, må vi forstå det spirituelle – religionens indre essens. Hjerternes samklang er det, der fører til religiøs samklang. Hvis vore hjerter ikke kan finde hinanden, så vil vi flyde fra hinanden, og i stedet for at skabe samarbejde, vil vore anstrengelser være uden kraft.

Religionen er som et skilt, der viser vej. Målet er den spirituelle oplevelse.

Lad os tage et eksempel: En eller anden peger på et træ og siger: "Se det her træ. Kan du se den frugt der hænger der på den gren? Hvis du spiser den, bliver du udødelig!" Så

Forståelse og samarbejde mellem religionerne

det vi bør gøre er at klatre op i træet, plukke frugten og spise den. Men hvis vi i stedet for fokuserer udelukkende på personens finger, bliver vi aldrig i stand til at nyde frugten. Det svarer til at klamre sig til skrifternes ord frem for at forstå de bagvedliggende spirituelle principper, som de viser hen til.

Ligesom man suger saften ud af sukkerrøret og spytter stilken ud, således bør de religiøse ledere også opfordre deres tilhængere til at tilegne sig religionens essens – som er spiritualiteten – og ikke lægge for megen vægt på de ydre aspekter. Desværre spiser for mange i dag stilken og spytter essensen ud.

Religionens kraft ligger i spiritualiteten. Spiritualiteten er den cement, som forstærker samfundets hus. At praktisere en religion og at leve livet uden at tilegne sig spiritualiteten, er som at bygge et tårn ved at lægge mursten på mursten - uden at bruge cement overhovedet. Det falder hurtigt sammen. Religiøs tro uden spiritualitet bliver livløs, som en legemsdel afskåret fra blodstrømmen.

Atomenergi kan enten bruges til at skabe eller ødelægge. Vi kan bruge den til at producere elektricitet til gavn for verden. Vi kan også fremstille en atombombe, som ødelægger alt. Valget er vort. At tilegne sig religionens spirituelle aspekt er ligesom at udvinde elektricitet af atomet, hvorimod religionen uden det spirituelle aspekt fører os ud i alvorlig fare.

Også i gamle dage eksisterede kastesystemet og andre socio-religiøse grupperinger i de forskellige kulturer. Dengang var de ikke svære at få øje på for alle og enhver. I dag taler vi, som om vi er særdeles bevidste om betydningen af samhørighed og lighed i religiøse spørgsmål, men i vort indre raser had og hævntørst fremdeles. I gamle dage eksisterede problemerne på det konkrete plan, men nu er de på det subtile plan, og netop derfor er de kraftigere og mere allestedsnærværende.

Amma kommer i tanke om en historie.

I en by var der en berygtet forbryder. Hver dag ved syvtiden om aftenen stod han og hang ved et bestemt gadehjørne, hvor han tiltalte og fornærmede de kvinder og unge piger, der kom forbi. Af angst kom ingen kvinder den vej efter solnedgang. De gemte sig bag deres hjems lukkede døre. Adskillige år gik på denne måde, og så en dag døde forbryderen pludseligt.

Men selv efter at forbryderen var død, blev de kvinder, der boede i det område, indendørs efter solnedgang. Nogle mennesker undrede sig meget og spurgte, hvorfor ingen vovede sig udenfor. Kvinderne svarede: "Da han levede, kunne vi se ham med vore egne øjne. Vi vidste, hvor han stod hvornår. Men nu kommer hans ånd efter os. Så nu kan han angribe os overalt, når som helst! Nu hvor han er i det subtile, er han meget kraftigere og allesteds nærværende." Sådan er det også med vore dages socio-religiøse grupper.

Religionen er en menneskeskabt bås. Ved fødselen havde vi ingen indlært religion eller begrænsninger, hvad religion angår. Dem har vi fået indlært og dem er vi blevet formet af over lang tid. Lige som en lille plante har brug for en indhegning, så er denne religiøse prægning nødvendig til en vis grad. Når planten bliver til et stort træ, vokser den ud over indhegningen. På samme måde må vi være i stand til at vokse ud over vores religiøse "indlæring" og blive fri af vores indlærte forestillinger.

En tale holdt af Mata Amritanandamayi

Der er tre ting som gør et menneske menneskeligt: 1. En brændende længsel efter at kende livets mening og dybde, samt efter at kunne skelne det evige fra det ubestandige. 2. Den mirakuløse evne til at give kærlighed. 3. Evnen til at være opfyldt af glæde og at give glæde videre til andre. Religionen bør hjælpe mennesker til at realisere alle disse tre punkter. Først da vil menneskene og religion være et hele.

Hvor store sjæle (de højest oplyste, overs.) lægger mest vægt på de spirituelle værdier, lægger deres efterfølgere ofte mere vægt på institutioner og organisationer. Og følgen er blevet, at de selv samme religioner, hvis opgave det egentlig var at sprede fred ved at binde mennesker sammen i en krans af kærlighed, nu er blevet årsagen til krig og konflikt.

På grund af vores uvidenhed og begrænsede udsyn spærrer vi de store sjæle (mahatmas: profeterne, overs.) inde i religionernes små snævre båse. I deres navn har vi låst os selv inde i egoets fængsel, og har fortsat med at oppuste vores ego og slås med hinanden. Hvis det fortsætter, så vil samarbejde og forståelse forblive en saga blot.

Engang forsøgte to mænd på en tandem at komme op ad en stejl bakke. Skønt de puklede alt hvad de kunne, så kom de ikke ret langt. Trætte og udkørte stod de af tandemen for at få sig et hvil. Forpustet og dækket af sved sagde den forreste: "Sikke en bakke. Lige meget hvor meget vi stamper i pedalerne, så kommer vi ingen vegne. Jeg er færdig og min ryg er ved at gøre det af med mig!"

Da manden der sad bagerst, hørte det, sagde han:

"Hør lige her, ven. Du tror du er træt! Hvis jeg ikke havde bremset hele tiden, så ville vi være rutschet hele vejen baglæns!"

Bevidst eller ubevidst er det, hvad vi gør i dag under betegnelsen fælles forståelse eller samarbejde. Vi åbner ikke vore hjerter på grund af den indgroede mistillid, vi har til hinanden.

I virkeligheden er læren om kærlighed, medfølelse og samhørighed kernen i alle religioners budskab.

En tale holdt af Mata Amritanandamayi

Kristendommen siger: "Elsk din næste som dig selv." Hinduismen siger "Vi skal bede for at andre kan få, hvad vi ønsker for os selv." Islam siger. "Hvis din fjendes æsel bliver sygt, så skal du pleje det." Jødedommen siger: "At hade min nabo er det samme som at hade mig selv." Skønt udtrykt på forskellige måder, er princippet bagved det samme. Den dybere mening med alle disse sentenser er: Ligesom det er den samme sjæl, eller Atman, der dvæler i alt, må vi se og tjene alt som dele af et hele. Det er menneskenes forkrøblede intellekt, som får dem til at fortolke disse principper på en for snæver måde.

Amma kan huske en historie. Engang malede en berømt maler et billede af en henrivende ung kvinde. Alle der så maleriet forelskede sig i hende. Nogle af dem spurgte maleren, om kvinden var hans elskede. Da han benægtede, insisterede hver eneste af dem på at gifte sig med hende, og tillod ikke andre at gøre det samme. De insisterede: "Vi ønsker at få at vide, hvor vi kan finde denne smukke kvinde."

Maleren sagde til dem, "Jeg beklager, men jeg har faktisk aldrig set hende. Hun har ingen nationalitet, religion eller sprog. Hvad I ser i hende, er heller ikke et enkelt menneskes skønhed. Jeg skabte simpelthen øjne, næse, og form af den skønhed jeg fandt inden i mig selv."

Men ingen af dem troede på maleren. De anklagede ham vredt og sagde: "Du lyver for os. Du vil bare have hende for dig selv!"

Maleren sagde roligt til dem: "Nej, I må ikke forstå dette maleri for overfladisk. Selvom I leder over hele verden, så finder I hende ikke – og dog er hun indbegrebet af al skønhed."

Ikke desto mindre ignorerede de malerens ord og blev besat af selve malingen og maleriet. I deres brændende længsel efter at eje den unge kvinde, kæmpede og sloges de og døde til sidst af det.

Vi er også sådan. I dag leder vi kun efter den Gud, der lever i billeder og i skrifterne. Under den søgen er vi faret vild.

Der står i skrifterne, at vi alle ser verden igennem farvede glas. Vi ser det i verden, som vi selv projicerer ud. Hvis vi ser med øjne fulde af had og hævn, fremtræder verden præcist

sådan for os. Men hvis vi ser med kærlighedens og medfølelsens øjne, ser vi kun Guds kærlighed alle vegne.

Amma har hørt om et forsøg, som blev udført for at få vished om, hvorvidt denne verden var – eller ikke var – som vi ser den. Forskerne gav en ung mand et sæt briller på, som forvrængede hans syn. Så fik han besked på at have brillerne på syv dage i træk. De første tre dage var han meget urolig, fordi alt hvad han så gjorde ham nervøs. Men så tilpassede hans øjne sig helt brillerne, og alt ubehag forsvandt. Det, der til at begynde med fik verden til at tage sig underlig ud i hans øjne, var nu blevet helt normalt.

Vi har også alle sådanne briller på. Det er igennem sådanne briller, at vi ser verden og religionen. Og vi handler derefter. Derfor kan vi ofte ikke se mennesker som mennesker.

Amma kan huske en oplevelse, som en spiritual lærer fortalte hende for mange år siden. Han skulle deltage i en højtidelighed på et hospital i Hyderabad, Indien. Da han steg ud af bilen og gik op mod hospitalet, så han at mange kvinder var stillet op på begge sider af vejen for at modtage ham på traditionel vis – med olielamper og rå ris. Da han gik ind imellem dem, dyppede de risen i olie og slyngede den i ansigtet på ham. Han fortalte Amma: "Det var langt fra en hjertelig velkomst, den var fuld af modstand og vrede. Jeg prøvede at få dem til at holde op ved at dække mit ansigt med hænderne, men de fortsatte alligevel."

Senere spurgte den religiøse lærer, om de mennesker, der stod opmarcheret for at modtage ham, troede på Gud. Hospitalets ejer sagde, at de var troende, og at de var hans medarbejdere. Så svarede han: "Det tror jeg ikke, fordi deres adfærd var præget af vrede og hævngerrighed."

Da ejeren pludselig fik en mistanke, sendte han en medarbejder for at undersøge sagen. Det han fandt ud af var følgende: De folk, som havde budt den religiøse lærer velkommen, sad i et værelse og hylede af grin. Med foragt i stemmen var der én der pralede: "Jeg gav den satan, hvad han havde godt af!"

Hans medarbejdere hørte faktisk til en anden religion. Men da deres chef havde sagt, at de skulle modtage gæsten, havde de ikke

Forståelse og samarbejde mellem religionerne

noget valg. Men de havde ingen dybere forståelse for religion eller nogen spirituel kultur. Deres indstilling var faktisk, at mennesker fra en anden religion ikke var mennesker, men dyr.

Der er to typer ego. Den ene er et ego af magt og penge. Men den anden type er mere destruktiv. Det er det ego, som føler: "Min religion og min mening er den rigtige. Alle andres er forkert, og der er ingen brug for dem. Jeg tolerer ingen anden religion." Det er det samme som at sige: "Min mor er god, din mor er en luder!" Denne måde at tænke på er årsagen til al religiøs uro. Hvis vi ikke fjerner de to typer ego, bliver det svært at skabe fred i verden.

At være villig til at lytte til andre, at kunne forstå dem og at være tolerant nok til at acceptere selv dem, der er uenige med os – det er tegn på sand spirituel kultur. Desværre er det netop disse evner vi savner i verden i dag.

Og dog – når der sker naturkatastrofer, så åbner menneskers hjerte sig, og så kan vi overskride alle vores forestillinger om kaste, religion og politik. Da tsunamien ramte Sydasien, forsvandt alle religiøse og nationale barrierer. Vore hjerter krympede sig af medfølelse med ofrene. Vi græd sammen med dem. Og vi rakte hånden ud for at tørre deres tårer og for at hjælpe.

Ved utallige lejligheder svulmede mit hjerte og min sjæl af glæde ved at se, hvordan ateister og mennesker fra forskellige partier og religioner arbejde dag og nat sammen med beboerne i vores ashram (kloster, overs.) helt i selvopofrelsens ånd. Og alligevel – den fordomsfrie holdning og medfølelse, som kommer til udtryk blandt mennesker i sådan en situation, kommer og går så hurtigt som et lyn. Hvis vi i stedet for kan klare at holde liv i den medfølelsens flamme, så kan den fordrive det mørke, der omgiver os. Ja, måtte denne lille kilde af medfølelse svulme til en brusende flod. Lad os transformere den gnist af kærlighed til en strålende sol. Det vil skabe himmel på jorden. Muligheden for at gøre det har vi alle i os. Den er vi født med og den er vor sande natur.

Hvis vi fylder en ballon med brint, så vil den, uanset farven, stige op til solen. Og sådan kan også alle mennesker fra alle religioner nå

Forståelse og samarbejde mellem religionerne

meget højt, hvis de fylder deres hjerte med kærlighed.

Amma kan huske en historie: "Engang forsamledes alle verdens farver. Hver af dem pralede: "Jeg er den vigtigste og mest populære farve." Samtalen endte i et skænderi.

Grøn hævdede stolt: "Det er så sandelig mig, der er den vigtigste farve. Jeg er tegnet på liv. Træer, vinstokke, alt i naturen har min farve. Behøver jeg sige mere?"

Blå afbrød: "Hold op med det sludder! Du taler kun om jorden. Ser du ikke himlen og havet? De er blå, og vand er livets kilde. Hyld mig, uendelighedens og kærlighedens farve."

Da Rød hørte det, råbte den: "Så er det nok! Ti stille! Det er mig der hersker over jer alle sammen – jeg er blod. Jeg er modets og tapperhedens farve. Uden mig er der intet liv."

I al den råben og skrigen sagde Hvid stille: "I har alle forelagt jeres sag. Nu har jeg kun én ting at sige: "Glem ikke sandheden – at jeg er alle farvers grundlag."

Ikke desto mindre trådte endnu flere farver frem og forherligede deres egen storhed og overlegenhed over de andre. Og lige så langsomt blev det, der var begyndt som en simpel ordveksling, til et rasende verbalt slag. Farverne var endog helt opsat på at udslette hinanden.

Pludselig blev himlen helt mørk. Det lynede og tordnede, fulgt af et kraftigt regnskyl. Vandstanden steg kraftigt. Træer blev trukket op med rode, og hele naturen var i oprør.

Rystende af angst udbrød farverne i deres hjælpeløshed: "Frels os!" Netop i det øjeblik hørtes en stemme fra himlen: "I farver! Hvor er jeres ego og jeres stolthed nu? I som kæmpede for jeres førsteplads, ryster nu af skræk, og I kan ikke engang beskytte jeres eget liv. Alt det I påstår tilhører jer, kan forsvinde på et øjeblik. I må forstå én ting: at hver eneste af jer – trods jeres indbyrdes forskelligheder – er helt enestående. Gud har skabt hver eneste af jer med helt sin egen opgave. Hvis I vil redde jer selv, skal I stå sammen, hånd i hånd.

Hvis I står sammen som ét, kan I nå helt op til himlen. I kan blive en regnbue med alle syv farver, harmonisk ved siden af hinanden – symbolet på fred og skønhed, fremtidens håb. I den højde, forsvinder alle forskelle og alt fremtræder som ét. Lad os håbe, at jeres enhed og harmoni bliver til inspiration for alle andre.

Når vi ser en smuk regnbue, lad den så inspirere os til at arbejde sammen som gruppe, med indbyrdes forståelse og anerkendelse.

Religionerne er blomsterkranse til Guds ære. Hvor smukt ville det være, hvis de stod sammen. Så ville de sprede fredens duft over hele verden.

Religionernes overhoveder skal træde frem og synge sangen om fred i universel enhed og kærlighed. De skal blive spejle for verden. Man renser ikke spejle for deres egen skyld, men for at de, der ser ind i dem, bedre kan rense deres eget ansigt. Religionernes udsendinge skal være forbilleder. Det eksempel, som religionernes ledere viser os, skal være forpligtende for renheden i deres tilhængeres handlinger og tanker. Det er kun når ædel-sindede mennesker selv efterlever deres religiøse idealer, at deres tilhængere handler i samme ånd og føler sig inspireret til at handle ædelt.

På en måde bør alle blive et forbillede, fordi der altid er en eller anden, der tager os som eksempel. Det er vores pligt at tænke på dem, der ser op til os. I en verden af forbilleder, er der hverken krig eller våben. De bliver reduceret til en ond drøm. Våben og ammunition vil ende som kunstprodukter, som kun kan ses på museum som symbol på vores fortid, hvor mennesket for vild og kom bort fra den vej der fører dem til deres bestemmelse.

Det, vi har gjort forkert, er, at vi er blevet vildledt af de overfladiske aspekter af religionen. Lad os rette den fejl op. Lad os sammen realisere religionens hjerte – universel kærlighed, hjertets renhed, og kun se enhed overalt. Vi lever i en tidsalder, hvor hele verden er blevet til en global landsby. Det vi har brug for er ikke bare religiøs tolerance, men dyb indbyrdes forståelse. Vi skal holde op med misforståelse og mistillid. Lad os sige farvel til konkurrencens og jalousiens mørke tidsalder og indvarsle begyndelsen til en ny æra med kreativt, tværreligiøst samarbejde. Vi er lige trådt ind i det tredje årtusind.

Lad os håbe at den kommende generation vil kalde dette årtusind årtusindet for venskab og samarbejde mellem religionerne.

Amma vil gerne fremsætte nogle få forslag som alle kan tænke over:

Forståelse og samarbejde mellem religionerne

1. Èt ord for løsningen på næsten alle de problemer verden i dag står overfor er "medfølelse". Essensen af alle religioner er at vise medfølelse med andre. Religionernes overhoveder burde understrege vigtigheden af medfølelse med deres eget liv som eksempel. Der er intet verden af i dag trænger mere til end forbilleder. Religionernes ledere skal gå forrest for at udfylde det tomrum.

2. På grund af vores udnyttelse af naturen og generelle mangel på opmærksomhed ødelægger forurening jorden. Religionernes ledere bør lede kampagner for at skabe opmærksomhed omkring betydningen af beskyttelse af miljøet.

3. Måske kan vi ikke forhindre naturkatastrofer. Og da menneskene ikke har magt over deres ego, er det måske heller ikke muligt helt at forhindre krig og andre konflikter. Men hvis vi tager en fast beslutning, så kan vi helt sikkert udslette sult og fattigdom. Alle religiøse ledere bør gøre deres bedste for at nå det mål.

4. For at fremme tværreligiøs forståelse bør hver religion oprette centre, hvor man indgående kan studere andre trosretningers budskab. Dette

Forståelse og samarbejde mellem religionerne

bør foregå på grundlag af en åben og tolerant vision, uden skjulte motiver af nogen art.

5. Ligesom solen ikke har brug for en kærte til at lyse op, har Gud ikke brug for noget fra os. At hjælpe de fattige og nødlidende er den bedste måde vi kan bede på. Uden medfølelse vil alle vores anstrengelser være forgæves – som at hælde mælk i et snavset kar. Alle religioner bør fremhæve betydningen af at tjene de fattige og nødlidende i medfølelse.

Lad os bede og arbejde sammen for at skabe en morgendag, fyldt med glæde, uden konflikter, hvor religionerne arbejder sammen i lykke, fred og kærlighed.

Lad vort livs træ have dybe rødder
i kærlighedens muld.
Lad kærlige handlinger være
bladene på det træ;
Lad venlige ord være blomsterne på det;
Lad fred være dets frugter.
Lad os vokse og gro som én familie
Forenede i kærlighed –
For at vi kan glædes og fejre vores enhed
I en verden hvor fred og glæde hersker.

www.ingramcontent.com/pod-product-compliance
Lightning Source LLC
Chambersburg PA
CBHW070048070426
42449CB00012BA/3194